NICOLAS LAOUREUX

A PRACTICAL METHOD
For Violin

Adopted by the Conservatories of Brussels, Amsterdam, The Hague, Glasgow, Cologne, Aix-la-Chapelle, and the principal Academies of Belgium, Holland, Rhenish Prussia, France, South America, etc.

Translated from the Third French Edition by
Dr. TH. BAKER
In Four Parts

PART I : Elements of Bowing and Left-Hand Technique
➤ PART I (Supplément) : Thirty Progressive Studies in the First Position preceded by Preparatory Exercises
PART II : The Five Positions and Their Employment—Practical Study of the Démanché

MÉTODO PRÁCTICO
Para Violín

Adoptado por los Conservatorios de Bruselas, Amsterdam, La Haya, Glasgow, Colonia, Aix-la-Chapelle, y las principales Academias de Música de Bélgica, Holanda, Prusia del Rhin, Francia, Sud América, etc.

Traducido de la Tercera Edición por
J. M. ESPARZA
En Cuatro Partes

PARTE Iª : Elementos de Arqueada y Técnica de la Mano Izquierda
➤ PARTE Iª (Suplemento) : Treinta Estudios Progresivos en la Primera Posición precededos de Ejercicios Preparatorios
PARTE IIª : Las Cinco Posiciones y el modo de emplearlas—Estudio Práctico del Démanché

ED-1449
ISBN 0-7935-5107-2

G. SCHIRMER, Inc.

DISTRIBUTED BY
HAL•LEONARD®
CORPORATION
7777 W. BLUEMOUND RD. P.O. BOX 13819 MILWAUKEE, WI 53213

AUTHOR'S NOTE

The aim of this work is to develop the student's technique with regard both to the fingers and to the bow.

By giving the études a melodic form, we sought to make them like recreations. Nevertheless, it will be noticed that, while addressed to the musical instinct of the young violinist, they pass in review the greater part of the bowings and the exercises for the left hand.

At the end of this course the student will possess a more complete technical equipment, with which he can readily begin the study of the five positions.

For the above reasons we have inserted these Études between Parts I and II of our "Practical Method for Violin."

31567

NOTAS DEL AUTOR

Esta obra tiene por objeto desarrollar la técnica del alumno, tanto al punto de vista de los dedos como del arco.

Dando a estos estudios una forma melódica hemos querido hacerlos más recreativos. Sin embargo, se notará que al mismo tiempo que desarrollan el instinto musical del joven violinista, ellos repasan la mayoría de los golpes de arco y ejercicios de la mano izquierda.

Al terminar de este curso, el alumno poseerá un mecanismo más completo, con el que empezará fácilmente el estudio de las cinco posiciones.

Es por estas razones que hemos intercalado este trabajo entre la primera y la segunda parte de nuestra «Escuela Práctica del Violín.»

TABLE OF CONTENTS

TABLA DE LAS MATERIAS

A Practical Method
For the Violin

Método Práctico
Para Violín

Nicolas Laoureux

PART I
(Supplement)

Thirty Progressive Studies in the First Position
Preceded by Preparatory Exercises

PARTE I
(Suplemento)

Treinta Estudios Progresivos en la Primera Posición
Precedidos de Ejercicios Preparatorios

Sustained Bowings

⊓ Down-bow —— ∨ Up-bow

Golpes de Arco Sostenidos

⊓ Hacia abajo —— ∨ Hacia arriba

In the course of the following exercises and études it is necessary that the student should always move his bow in a straight line parallel with the bridge.

Always hold the elbow of the right arm low, except in the case of passages on the 4th string, when you may raise it slightly.

The following bowing is to be executed from middle to point of bow with a movement of the forearm and more especially of the wrist, this latter in passing from one string to another.

The same for Étude No. 1.

En el curso de los ejercicios y estudios, que van a seguir, es necesario que el alumno observe la dirección de su arco, siempre en línea recta paralela al puente.

El codo del brazo derecho debe estar siempre bajo, solamente los pasajes a ejecutados sobre la cuarta cuerda, permitirán subirlo un poco.

El golpe de arco siguiente se hará desde el medio hasta la punta del arco, con un movimiento del antebrazo y sobretodo de la muñeca, este último para pasar de una cuerda a la otra.

Lo mismo para el estudio Nº 1.

Étude 1

Moderato sostenuto

6

The fourth measure of this exercise should be executed as follows:— Use the whole bow for the quarter-notes; a half-bow, from middle to point, for the two eighth-notes on the second beat; the other half, from middle to nut, for the last two eighths. Proceed similarly where two slurred eighths are followed by two detached quarter-notes.

El cuarto compás de este ejercicio debe de ser ejecutado de la manera siguiente: emplear todo el arco para las negras; la mitad, desde el medio hasta la punta para las dos corcheas del segundo tiempo; la otra mitad, desde el medio hasta el talón para las dos últimas corcheas. Mismo procedimiento cuando dos corcheas ligadas son seguidas de dos corcheas separadas.

Étude 2 | Estudio 2º

at middle of bow

en medio del arco

8

Play the detached notes *sostenuto*, without accent, but with a flexible wrist-movement in passing to another string.

Las notas separadas ("détachées") deben ejecutarse *sostenuto*, pero sin acentuación; con un movimiento flexible de la muñeca para pasar de una cuerda a la otra.

Étude 3

Estudio 3°

Andante cantabile

From middle toward point.

Pass from one string to another, whether *legato* or detached, with wrist-movement.

Del medio hacia la punta.

Pasar de una cuerda a la otra, ligada ó separada, con movimiento de la muñeca.

Étude 4

Estudio 4º

Moderato sostenuto

Wrist-movement for passing from string to string, without accent or harsh tone.   Use whole bow for the two slurred eighths.

Movimiento de la muñeca para pasar de una cuerda a la otra sin acento ni rudeza.   Usar todo el arco para las dos corcheas ligadas.

Étude 5

Estudio 5°

Moderato quasi andante

The fingers hammer the strings; sustain the tone, and pass from string to string without accent.

Con el arco bien sostenido atravesar las cuerdas sin acento, levantar y apoyar los dedos.

Étude 6 | Estudio 6º

Andante espressivo

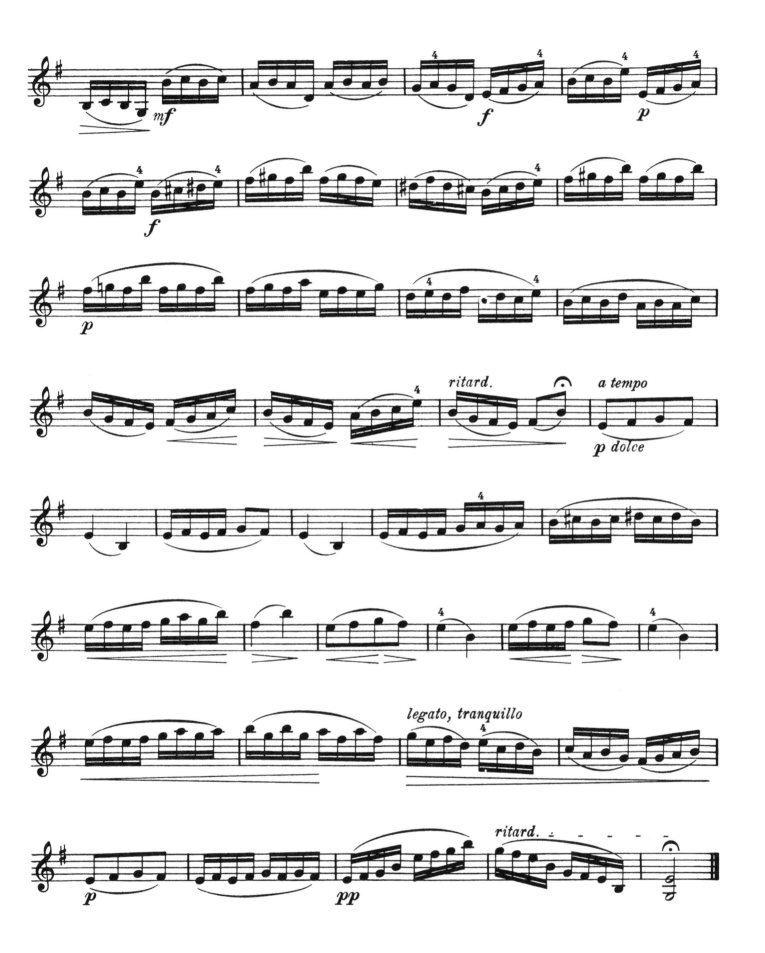

16

From middle to point.

Movement of wrist and forearm in passing from string to string, lowering the wrist on taking a higher string.

Desde el medio hacia la punta.

Movimiento de la muñeca y del antebrazo para atravesar las cuerdas; bajar la muñeca para alcanzar una cuerda superior.

Étude 7   Estudio 7°

Moderato largamente

17

The following bowing:  results from the staccato.

In order to detach the eighth-note the student should let a rest intervene between quarter-note and eighth, the note-values as then played being as follows:

El golpe de arco siguiente: procede del staccato.

Para poder separar la corchea, el alumno debe dejar un silencio entre la negra y la corchea, lo que da a la ejecución los valores siguientes:

Étude 8 | Estudio 8°

Moderato e largamente con allegrezza

ff pesante

20

The fingers rise and fall like hammers. Pass from string to string with a slight wrist-movement and without accent.

Levantar y apoyar los dedos. Atravesar las cuerdas sin acento, con un ligero movimiento de la muñeca.

Étude 9 | Estudio 9°

Andante sostenuto

Grand Détaché

Use whole bow from end to end, with a swift stroke; attack the string with down-bow and up-bow so as to let a rest intervene between the notes, in this fashion:

Gran Destacado

Emplear todo el arco de una extremidad a la otra con un movimiento vivo; atacar la cuerda al talón lo mismo que a la punta dejando una pausa entre cada nota como lo siguiente:

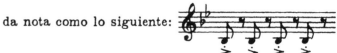

Étude 10

Estudio 10°

Moderato energico

24

Martellato (Hammered Stroke)

Use very short bows from middle toward point; separate the notes and attack in the style of the grand détaché.

Martillado

Emplear muy poco arco desde el medio hacia la punta; separar y atacar cada nota del mismo modo que el gran destacado.

Étude 11. | Estudio 11ᵉ

Staccato

The staccato is an offshoot of the martellato.   It might be called "a string of martellatos."   The attack of each notes, and the pause after it, should be equal in time-value (see measure 1 below).

El Staccato

El staccatò procede del martillado; podría llamársele "martillados reunidos.„   El alumno debe obtener el mismo ataque y la misma pausa entre cada nota (véase el 1er compas mas abajo).

Étude 12

Estudio 12ᵉ

Allegro moderato

f e fiero

The same procedure as in Étude 8, only you have to use nearly a whole bow on the first note, as in the grand détaché, and let a rest intervene before the sixteenth-note, which is to be played the first time at the extreme point, the second time at the nut.

This étude may also be practised in quicker tempo with half-bows.

Mismo procedimiento como en el estudio Nº 8, pero aquí es necesario usar casi todo el arco sobre la primera nota, como en el gran détaché, y dejar una distancia antes de la semicorchea, que debe ser ejecutada la primera vez a la punta y la segunda al talón.

Se podrá igualmente estudiar este estudio más ligeramente con la mitad del arco.

Étude 13 | Estudio 13ᵉ

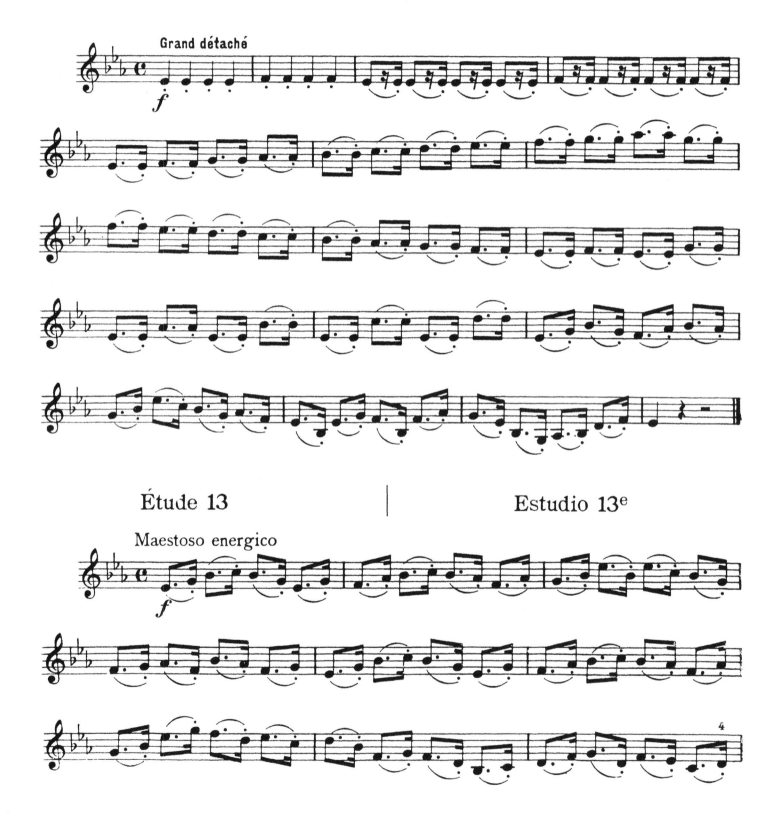

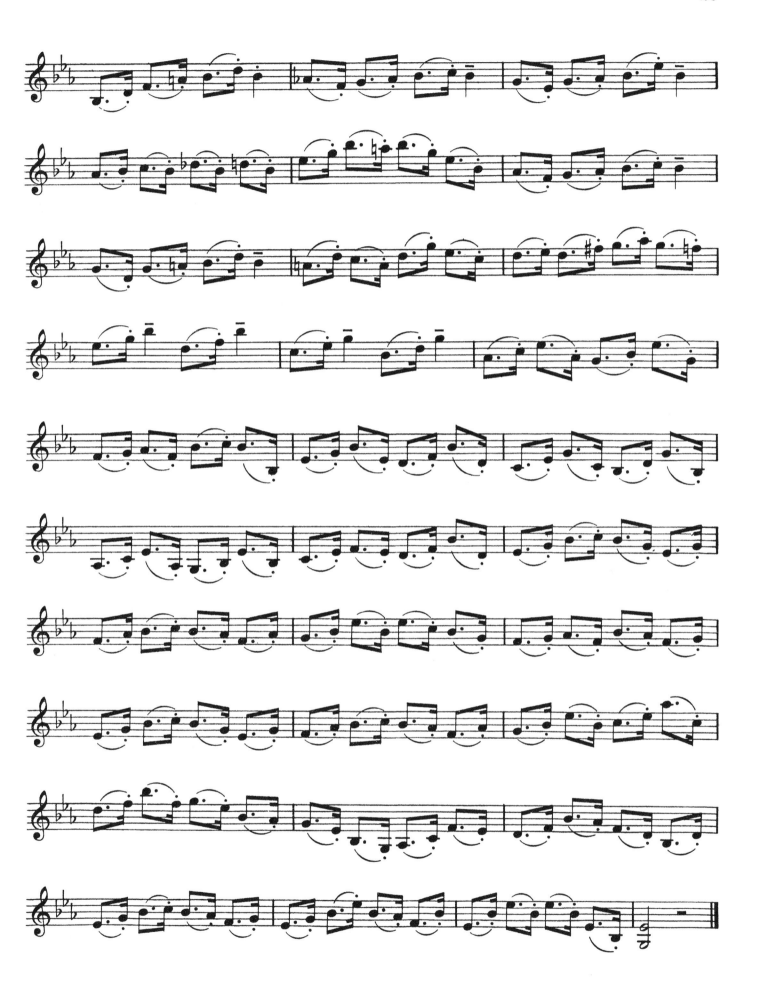

Sustain the tone uninterruptedly between successive strokes of the bow.   Hammer with fingers.

Sostener el sonido sin interrupción entre los diferentes golpes de arco.   Martillar con los dedos.

Étude 14

Estudio 14^e

Allegro risoluto e appassionato

32

Springing Bow (Saltato, Sautillé)

The **sautillé** is an offshoot of the **saltato** (which is a light staccato at the same spot in the bow, not letting it advance toward the nut).

This bowing should be executed solely with the wrist about the first third of the bow.

The following exercise includes the **saltato** (light staccato) and the **sautillé**. Both are based on the same principle. The bow is thrown lightly, so that it rebounds by its own elasticity. The wrist-movement must always be moderato, so as not to throw the bow out of line and to insure purity of tone.

El Saltillo

El saltillo procede del saltato (staccato ligero en el mismo lugar sin dejar adelantar el arco hacia el talón).

El golpe de arco debe ejecutarse solamente de muñeca, hacia la primera tercera parte del arco.

El ejercicio siguiente comprende el saltato (staccato ligero) y el saltillo. Los dos son basados sobre el mismo principio: dejar caer ligeramente el arco sobre la cuerda, de manera que rebote por el mismo. Toda vez el movimiento de la muñeca debe ser moderado, a fin de no hacer desviar el arco y para conservar la pureza del sonido.

Étude 15

Estudio 15^e

The **sautillé** in triplets being a faster movement, it is best to let the bow fall somewhat nearer the middle.

Passing from string to string requires merely a turn of the wrist, without moving the forearm.

El saltillo en tresillos siendo de un movimiento más rápido, se puede dejar bajar el arco un poco hacia el medio.

Los cambios de las cuerdas exigen un solo movimiento de la muñeca, sin mover el antebrazo.

Étude 16 | ## Estudio 16ᵉ

Moderato quasi allegretto con spirito

At middle of bow, lightly. | Al medio del arco, ligeramente.

Étude 17 | ## Estudio 17ᵉ

Allegretto leggero
sautillé

cresc. _ _ _

Miscellaneous Studies

Hammer the string with the 3d and 4th fingers, sustain the tone, and use whole bows.

Estudios Misceláneos

Apoyar fuertemente el tercero y cuarto dedo. Sostener el sonido y usar todo el arco.

Étude 18

Estudio 18°

Allegretto grazioso, ben legato

Very short bow on the quarter-note.   Usar poco arco en la negra.

Étude 19   Estudio 19^e

Moderato marziale e pomposo
Grand détaché

Sustain the tone, use whole bows, and hammer the string with the fingers.

Sostener el sonido, usar todo el arco y apoyar **fuertemente** los dedos.

Étude 20 | Estudio 20ᵉ

Allegro moderato sostenuto

44

Play with sustained, singing tone, lengthen stroke of bow on the detached notes in order to give them an expressive, song-like quality (Étude 21).

Sostener el sonido *cantabile,* alargar el golpe de arco sobre las notas separadas a fin de darles el carácter expresivo y melodioso (Estudio 21º).

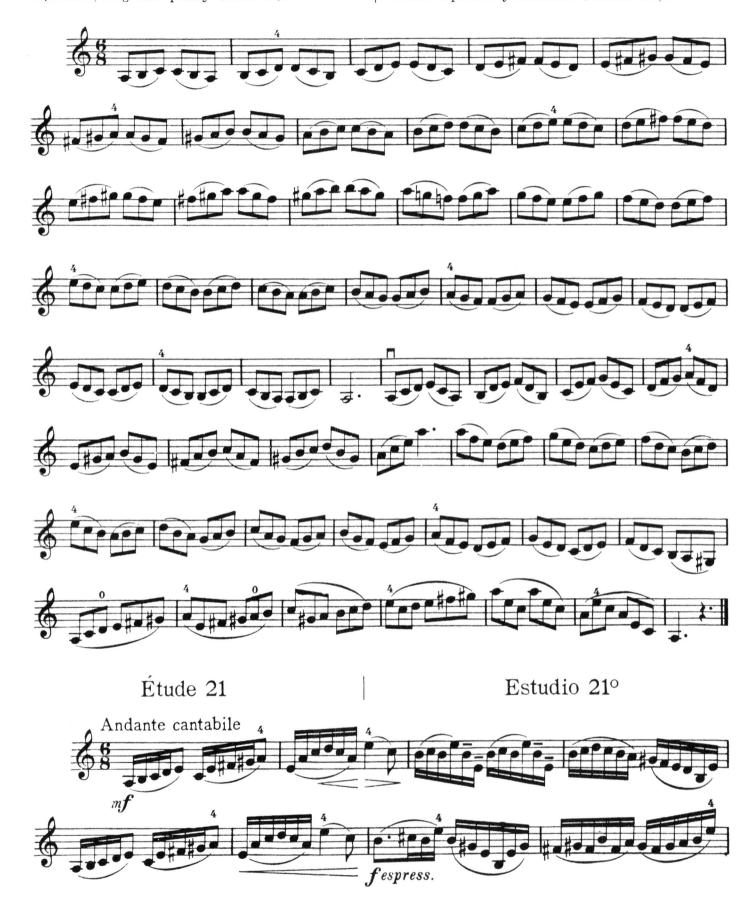

Étude 21 | Estudio 21º

Use bow from middle to point, sustain the tone with the shading ⟍⟋ on the three slurred sixteenth-notes, and pass from string to string in the groups of six notes with one turn of the wrist.

Emplear el arco desde el medio hasta la punta, sostener el sonido con el matiz ⟍⟋ sobre las tres semicorcheas ligadas, y atravesar las cuerdas para los pasajes en sextas con un solo movimiento de la muñeca.

Étude 22 | Estudio 22°

Allegro moderato

Hammer the string with the fingers. Sustain the tone, and pass from string to string without accent.

Apoyar los dedos, sostener el sonido y pasar de una cuerda a la otra sin acento.

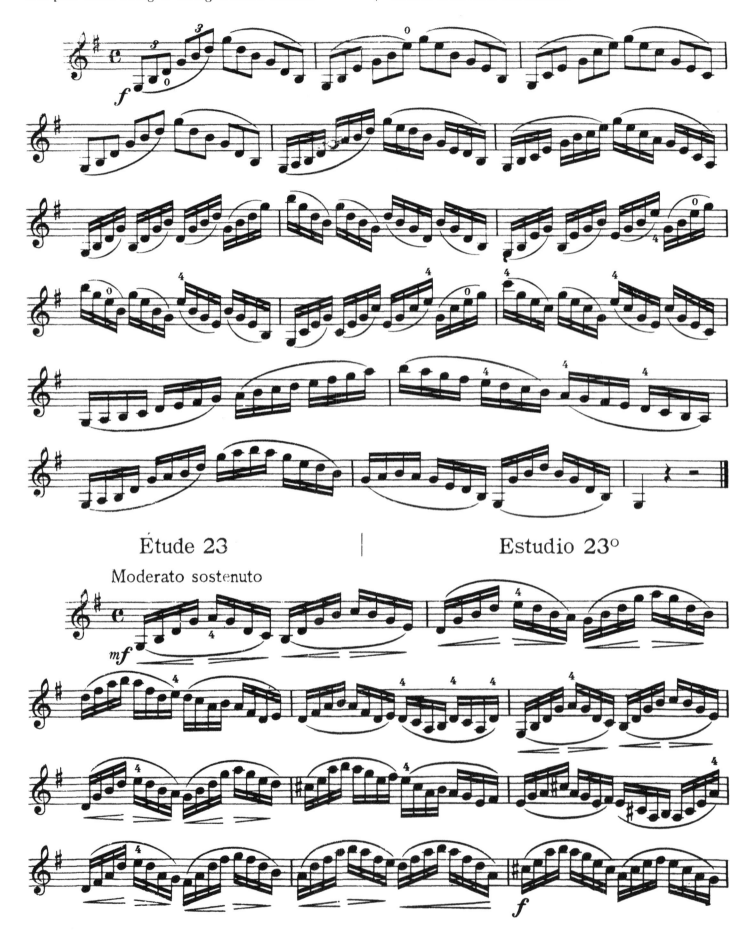

Étude 23

Estudio 23°

Moderato sostenuto

Eighth-notes *martellato*, sixteenth-notes *sostenuto*.

Las corcheas en martillado y las semicorcheas sostenidas.

Étude 24

Estudio 24º

Martellato; wrist-movement for leap from string to string; elbow kept down.

Martillado; movimiento de la muñeca para el salto de las cuerdas; el codo bajo.

Étude 25

Estudio 25°

Moderato

Sustain tone on the slurred notes, and change strings with a mere turn of the wrist.

Sostener el sonido en las notas ligadas, y cambiar de cuerdas con un solo movimiento de la muñeca.

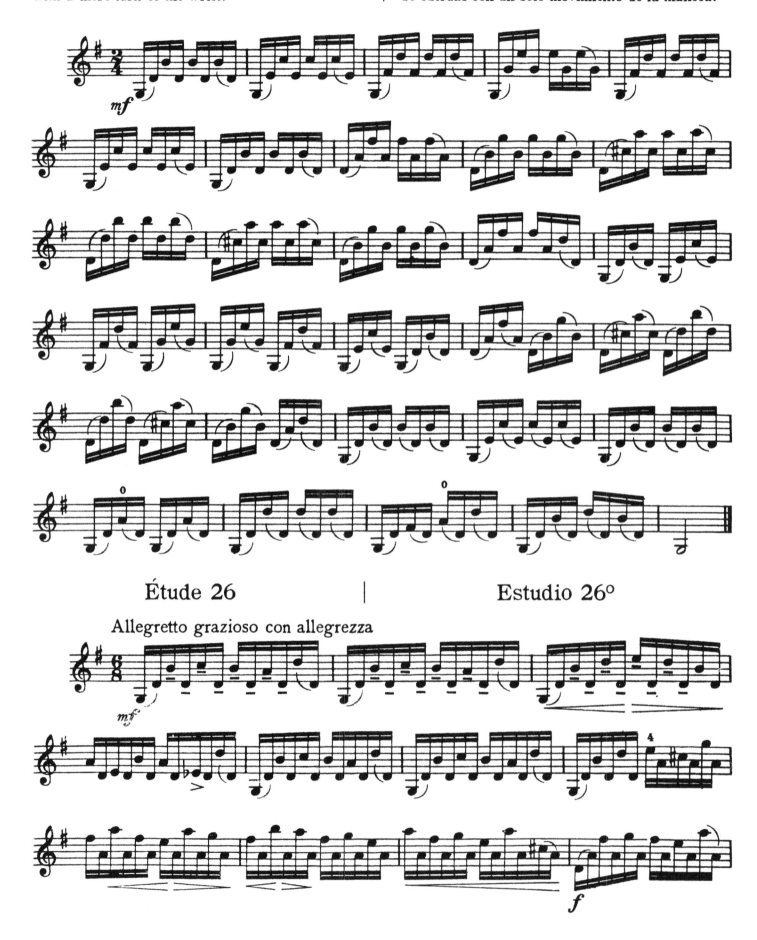

Étude 26 | Estudio 26°

Allegretto grazioso con allegrezza

Broadly, with sustained tone, the bow gripping the string firmly.

Largamente, con un sonido sostenido y el arco bien en la cuerda.

Étude 27

Estudio 27ᵉ

Andante cantabile molto espressivo

Étude 28

Estudio 28°

Allegro con fuoco
at middle of bow
en medio del arco

Étude 29

Estudio 29^e

Allegro vivo

Étude 30 | Estudio 30ᵃ

Allegro moderato con allegrezza